I0813566

Yo soy la
langosta
Jared Siemens
SPANISH & ENGLISH eBOOKS
AV2
BY WEIGL
ADDED VALUE • AUDIO VISUAL
www.av2books.com

Visita nuestro sitio www.av2books.com e ingresa el código único del libro.
Go to www.av2books.com, and enter this book's unique code.

CÓDIGO DEL LIBRO
BOOK CODE

AVH93692

AV² de Weigl te ofrece enriquecidos libros electrónicos que favorecen el aprendizaje activo.
AV² by Weigl brings you media enhanced books that support active learning.

El enriquecido libro electrónico AV² te ofrece una experiencia bilingüe completa entre el inglés y el español para aprender el vocabulario de los dos idiomas.
This AV² media enhanced book gives you a fully bilingual experience between English and Spanish to learn the vocabulary of both languages.

Spanish

English

Navegación bilingüe AV²
AV² Bilingual Navigation

Yo soy la langosta
En este libro, aprenderás
• cómo soy
• dónde vivo
• qué como
¡y mucho más!

Yo soy la langosta.

En lugar de huesos, tengo un caparazón duro.

Parto mi comida con mis fuertes pinzas.

Pruebo la comida con mis pies.

Uso mis antenas para saber por dónde ir.

Uso mi cola para nadar hacia adelante y hacia atrás.

Nunca dejo de crecer.

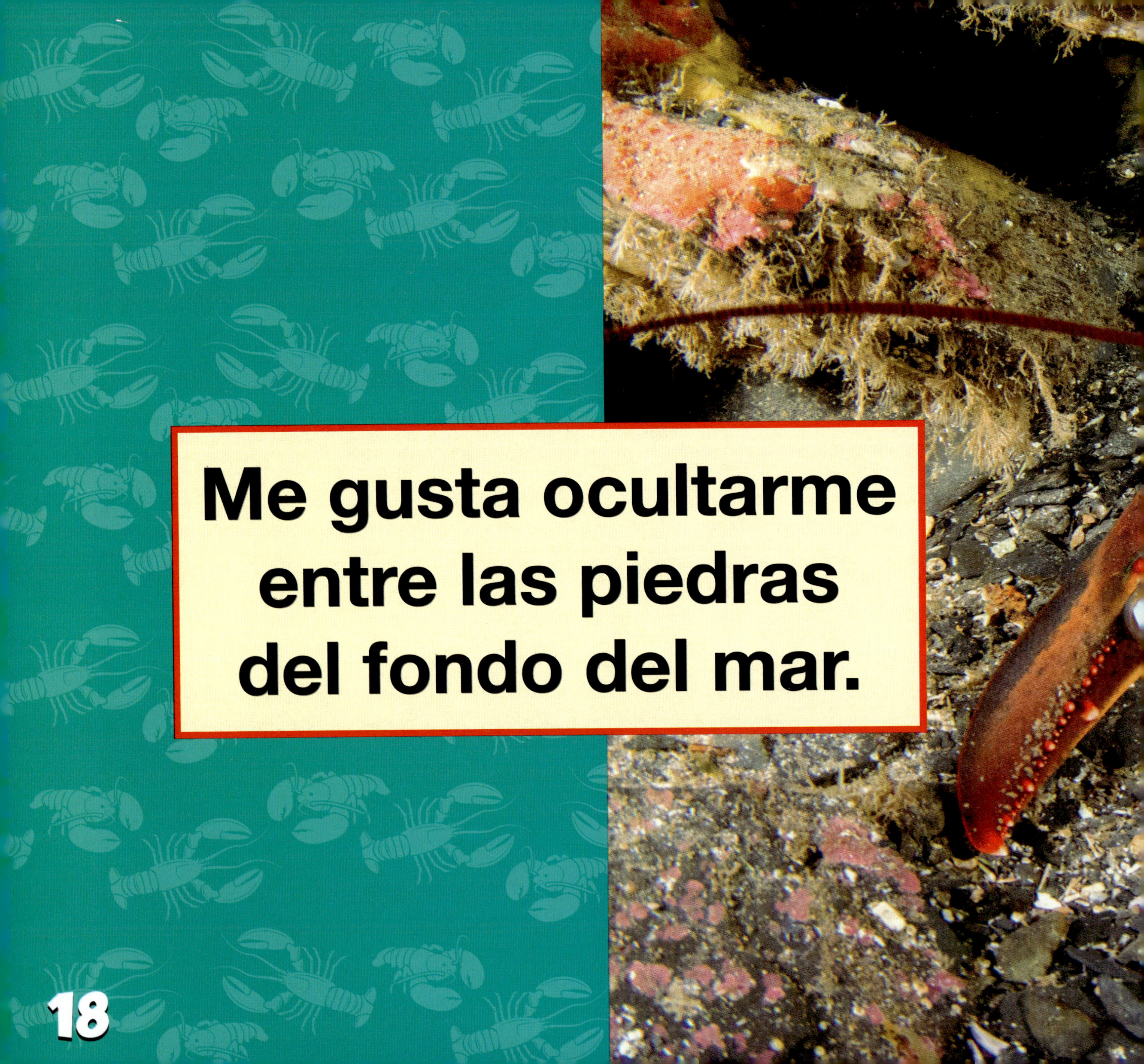

Me gusta ocultarme entre las piedras del fondo del mar.

Puedo vivir más de 100 años.

Yo soy la langosta.

DATOS SOBRE LA LANGOSTA

Estas páginas ofrecen información detallada sobre los interesantes datos de este libro. Están dirigidas a los adultos, como soporte, para que ayuden a los jóvenes lectores a redondear sus conocimientos sobre cada sorprendente animal presentado en la serie *Yo soy*.

Páginas 4–5

Yo soy la langosta. Las langostas son crustáceos de 10 patas del orden de los decápodos. Este grupo de animales marinos incluye a los camarones, los cangrejos y las centollas. La mayoría de las langostas tienen un caparazón de color verde oscuro o marrón. Muy pocas veces se ven langostas de color amarillo, blanco, multicolor o de dos colores. El color del caparazón de la langosta depende de su genética y de las plantas que come.

Páginas 6–7

En lugar de huesos, tengo un caparazón duro. El caparazón de la langosta, o exoesqueleto, es una estructura dura que sostiene y protege al cuerpo. A medida que crece, la langosta muda, o cambia, su caparazón. Lo hace absorbiendo mucha agua para que su cuerpo se agrande y rompa el caparazón. En promedio, la langosta puede mudar de caparazón hasta 44 veces en su primer año de vida.

Páginas 8–9

Parto mi comida con mis fuertes pinzas. Las langostas tienen una pinza en cada una de sus dos patas delanteras. Usan una de las pinzas, la trituradora, para abrir las valvas de los moluscos y la otra, que es filosa, para partir la comida blanda. La pinza trituradora es muy fuerte. Una langosta de 27 libras (12,25 kilogramos) capturada en Cushing, Maine, tenía una pinza que podía romper huesos humanos.

Páginas 10–11

Pruebo la comida con mis pies. Las langostas tienen pelos y receptores especiales en las patas y pinzas con los que pueden sentir los químicos en el agua. Esto las ayuda a encontrar y probar su comida. Las langostas son carroñeras, es decir, comen plantas y animales muertos, pero su dieta también incluye peces, moluscos y algas vivas.

Páginas 12–13

Uso mis antenas para saber por dónde ir. Las langostas tienen un par de antenas largas con las que sienten lo que las rodea. Usan estas antenas para tocar y oír. Las langostas también tienen cuatro antenas más pequeñas que funcionan como nariz. Moviendo las antenas hacia arriba y hacia abajo, la langosta puede oler sus alrededores. Aunque tienen ojos, los usan principalmente para detectar movimiento en la escasa luz de su entorno.

Páginas 14–15

Uso mi cola para nadar hacia adelante y hacia atrás. La musculosa cola de la langosta funciona como una aleta y le permite nadar. Flexionando su abdomen y su cola al mismo tiempo, puede nadar hacia atrás. La langosta tiene unas patitas nadadoras, llamadas patas abdominales, que la ayudan a moverse. Estas patas se encuentran en la parte inferior de su abdomen.

Páginas 16–17

Nunca dejo de crecer. Las langostas pueden llegar a medir más de 3 pies (0,9 metros) de largo. La langosta más grande que se haya registrado fue atrapada en las costas de Nueva Escocia, Canadá, en 1977. Según el libro Guinness de los récords, medía aproximadamente 3,5 pies (1,06 m) de largo y pesaba más de 44 libras (20 kg).

Páginas 18–19

Me gusta ocultarme entre las piedras del fondo del mar. Las langostas más conocidas son la americana y la europea, que viven principalmente en el océano Atlántico Norte. Estas langostas viven en el fondo del océano entre la hierba marina o en las grietas de las piedras. También pueden cavar cuevas para vivir. Las langostas son nocturnas, es decir que son más activas durante la noche.

Páginas 20–21

Puedo vivir más de 100 años. Si bien en estado salvaje la mayoría de las langostas viven en promedio 50 años, los científicos estiman que algunas han llegado a vivir más de un siglo. Aunque no están en peligro de extinción, la pesca excesiva está disminuyendo la población de algunas especies. Cada año, los barcos pesqueros comerciales de todo el mundo pescan unas 200.000 toneladas (181.436 toneladas métricas) de langosta.

Published by AV² by Weigl
350 5th Avenue, 59th Floor New York, NY 10118
Website: www.av2books.com

Library of Congress Control Number: 2018964728

ISBN 978-1-7911-0174-9 (hardcover)
ISBN 978-1-7911-0175-6 (multi-user eBook)

Printed in the United States of America in Brainerd, Minnesota
1 2 3 4 5 6 7 8 9 0 22 21 20 19 18

122018
111918

Project Coordinator: Jared Siemens
Art Director: Terry Paulhus
Spanish Project Coordinator: Sara Cucini
Spanish/English Translator: Translation Services USA

Weigl acknowledges Getty Images, Minden, iStock, and Alamy as its primary image suppliers for this title.